Conni futbolê dilîze

Conni spielt Fußball

Nivîskar Geschichte
Liane Schneider

Wêne Bilder
Eva Wenzel-Bürger

Werger Übersetzung
Selman Dilovan

Conni diqîre: "Gol, goool!" Bi kêf xwe hildiavêje û alaya tîmê li ba dike. Berî bîstekê xalê Günter li qada lîstikê gola dawîn avêt. Hema piçekî berî ku lîstik xilas bibe. Hemû lîstikvan wî dorpêç dikin. Temaşevan şa dibin. Conni ewqas serbilind e, ku zû direve cem wî. Xalê Günter wê bilind dike û li dora xwe dizivirîne. Conni şa dibe ku wê dêya xwe ji bo hatina futbolê qayil kiriye. Li vir bi rastî jî heyecan heye!

»Tor, Tor!«, brüllt Conni. Begeistert springt sie hoch und winkt mit dem Vereinsfähnchen. Gerade hat Onkel Günter auf dem Fußballfeld den Siegestreffer geschossen. Ganz kurz vor dem Abpfiff! Alle Spieler umringen ihn. Die Zuschauer jubeln. Conni ist so stolz! Sie läuft schnell zu ihm. Günter hebt sie hoch und wirbelt sie herum. Conni ist froh, dass sie ihre Mama überredet hat, mit zum Fußball zu gehen. Hier ist richtig was los!

Lê ne tenê xalê Günter dikare golan biavêje, Conni jî dikare. Danê sibehê divê xalê Günter li hewşê bi wê re futbolê bilîze. Conni bi kêf e. Ew dixwaze teqez di tîmê de bilîze. Dayê dipirse: "Gelo tîmeke ji bo yên wiha piçûk heye?" Günter bi henekî dibêje "Helbet heye, lîga me ya pêçekan jî heye!" Conni wan protesto dike, êdî tiştekî naxwaze.
Günter wê sakin dike: Ewê di tîma Fyê ya ciwanan de bilîze.

Aber nicht nur Günter kann Tore schießen. Conni kann das auch. Den ganzen Nachmittag muss Günter mit ihr im Garten Fußball spielen. Conni ist begeistert. Sie will unbedingt im Verein spielen. »Gibt es denn eine Mannschaft für so Kleine?«, will Mama wissen. »Klar«, grinst Günter, »wir haben doch die Pampers-Liga.« Conni protestiert – sie braucht doch gar keine Windeln mehr! Günter beruhigt sie: Sie wird in der F-Jugend spielen.

Sêşemiya din Günter wê digre.
Jê re tîşortek û pantolonekî kin
yê ji rengê tîma komeleyê aniye.

Schon am nächsten Dienstag holt
Günter Conni ab. Er hat für sie ein
Trikot und eine kurze Hose in den
Vereinsfarben dabei.

Niha ji Conniyê re êdî tenê solên futbolê lazim in, lê ji bo cara pêşîn solên sporê yên normal têrê dikin. Conni bi heyecan bi Günter re diçe ciyê futbolê. Günter, antrenor nas dike û jê re behsa Conniyê dike. Antrenor dibêje: "Ev jî lîstikvana me ya nû ye." "Navê min Malz e, lê herkes ji min re dibêje Malzi."

Jetzt braucht Conni nur noch Fußballschuhe, aber für das erste Training reichen normale Turnschuhe auch. Aufgeregt fährt Conni mit Günter zum Fußballplatz. Günter kennt den Trainer und hat ihm von Conni erzählt. »Das ist also unsere neue Spielerin!«, sagt der Trainer. »Ich bin der Herr Malz, aber alle nennen mich Malzi.«

Malzi hemî zarokan bi Conniyê dide naskirin. Herkes navê xwe dibêje û Tobi dixwaze bizanibe ka Conniyê tîşortê xwe ji ku standiye. Peyre Malzi diqîre: "Haydê xwe germ bikin, carekê li dora sehayê bibezin." Hemû direvin, ji bilî Conniyê. Ew dibêje: "Jixwe ez germ im, lewra ji xwe îro hewa germ e." Malzi dikene: "Dîsa jî divê tu masûlkeyên xwe germ bikî."

Malzi stellt Conni den anderen Kindern vor. Alle sagen ihre Namen und Tobi will wissen, woher Conni das Trikot hat. Dann ruft Malzi: »Warm laufen, einmal um den Platz!« Alle laufen, nur Conni nicht. »Ich bin schon warm«, sagt sie, denn es ist heiß heute. Malzi lacht: »Deine Muskeln musst du trotzdem warm machen.«

Piştî revê, ew çend hereketên sporê dikin. Conni rind xwê dide. Ew piyên xwe di ser serê xwe re dirêj dikin, xwe kûz dikin û dixwazin bi serê tiliyên destên xwe, xwe bighînin tiliyên lingên xwe. Ew masûlkeyên lingên xwe dirêj dikin û xwe di ciyê xwe de hildiavêjin. Dawiyê her yek gogekê digre.

Nach dem Laufen machen sie noch ein paar Turnübungen. Conni kommt richtig ins Schwitzen. Sie strecken die Arme hoch über den Kopf, sie bücken sich und versuchen, die Zehen mit den Fingern zu berühren. Sie dehnen die Beinmuskeln und hüpfen auf der Stelle. Endlich bekommt jeder einen Fußball.

Îcar divê ew gogê bi lingekî xwe bi pêş ve, bi paş ve û bi herdu aliyan ve bigindirînin. Peyre jî ew bi gogê re dibezin. Divê meriv bi gogê re pêş ve bireve û serê carê hindik û zû li topê bixe, bêyî ku gog zêde ji meriv dûr bikeve. Ev qet ne hêsan e.
Paşê ew bi qelaparêziyê dilîzin.

Nun sollen sie den Ball unter einem Fuß vorwärts, rückwärts und seitwärts rollen. Dann üben sie das Dribbeln. Dabei läuft man vorwärts und tippt den Ball immer wieder kurz und schnell an, ohne dass er zu weit wegrollt.
Es ist gar nicht so leicht.
Danach spielen sie Ballabjagen.

Ev tişt bi rastî xweş in, lê Conni êdî dixwaze bi gogê bilîze û golan biavêje. Lêbelê di dawiya antrenmanê de lîstika rastî heye. Tobi hema golekê diavêje jî. Mixabin ew bi şaşî diavêje qelaya xwe. Divê meriv gogê biavêje qela raqîbê xwe, ne ya tîma xwe. Conni vê ji berê ve dizane.

Das macht Spaß, aber Conni will endlich richtig Fußball spielen und Tore schießen. Doch erst am Ende des Trainings gibt es ein echtes Spiel. Tobi schießt gleich ein Tor. Leider ist es ein Eigentor. Der Ball muss in das Tor des Gegners, nicht in das Tor der eigenen Mannschaft. Conni weiß das schon lange.

Piştî ku Conni çend caran diçe antrenmanê, ji bo parastina hestiyên çîpên wê tiştek jê re lazim e. Çîpên wê hemî deqên şîn in, Lewra carna Henning ji dêlva ku li gogê bixe, li lingên wê dixe. Ji bilî vê, jê re solên futbolê yên binê wan bi girêk lazim in.

Nachdem Conni ein paar Mal beim Training war, braucht sie dringend einen Schutz für ihre Schienbeine. Die sind voll blauer Flecken, weil Henning statt des Balles manchmal Connis Beine trifft. Außerdem braucht sie unbedingt Fußballschuhe mit solchen Knubbeln dran!

Bavo dibêje navê wan girêkan “kelem” e.
Conni vê komîk dibîne, lewra piraxên keleman di cejna Noelê de dihatin çêkirin.
Dayê pê re diçe û tiştan dikire.
Conni li malê solên xwe yên nû diceribîne.
Bi wan dikare baştir bi gogê bilîze.
Êdî ew wisa bi hêsanî li ser çîmenê naşemite.

Papa sagt, die Knubbeln heißen »Stollen«. Conni findet das witzig, weil es Stollen mit Marzipan doch immer zu Weihnachten gibt. Mama geht mit ihr einkaufen. Zu Hause testet Conni gleich ihre neuen Fußballschuhe. Damit kann sie besser spielen. Sie rutscht nun nicht mehr so leicht auf dem Rasen aus.

Agirê futbolê Conni vegirtiye.
Êdî ew her tişta li pêşiya xwe dipekîne, çi kevir be, çi qutîkeke vala be, qet ferq nake.
Di her deqîqeyeke vala de ew bi hevalên xwe re futbolê dilîze.
Carna bavo û dayê jî pê re dilîzin.

Conni ist völlig vom Fußballfieber gepackt. Sie kickt alles vor sich her, was ihr in den Weg kommt, egal ob es ein Stein oder eine leere Dose ist.
In jeder freien Minute spielt sie mit ihren Freunden Fußball. Manchmal spielen Mama und Papa mit.

Rojên şemiyê Conni digel bavê xwe di televîzyonê de li futbolê temaşe dike. Di demeke kin de ew navê gelek lîstikvanan hîn dibe û dikare ji dayê re bibêje ka “ofsayt” çi ye. Lars, Henning û Steffi wêneyên lîstikvanan bi hev diguherînin. Jixwe yên wê pir in.

Samstags guckt Conni mit Papa Fußball im Fernsehen. Bald kennt sie die Namen von vielen Spielern und kann Mama erklären, was »Abseits« ist. Mit Lars, Henning und Steffi tauscht sie Fußballbilder. Sie hat schon ganz viele.

Conni ji antrenmaneke tenê jî namîne. Ew bi xwe bawer e ku her goga bi şid jî bigre, çendî ku Benniyê bihêz jî lê bixe. Heta ew dikare bi serê xwe jî li gogê bixe. Ji ber ku ew ji Jan û Tobi bi leztir e, dikare zû xwe virde wirde bike û gogê ji ber lingê wan bigre. Êdî Malzi dixwaze yekşema bê, Conniyê di lîstikeke girîng de wek golavêj bileyizîne. Conni pir serbilind e.

Conni verpasst nie eine Trainingsstunde. Sie traut sich jeden Ball anzunehmen, selbst wenn der starke Benni schießt. Sogar Kopfball kann sie, und weil Conni viel schneller ist als Jan oder Tobi, kann sie ihnen ruck, zuck den Ball abnehmen. Nun will Malzi sie als Stürmerin in einem wichtigen Punktspiel am nächsten Sonntag spielen lassen. Conni ist riesig stolz.

Lêbelê sibeha roja sêşemê qirika wê diêşe û piştî nîvro jî germahiya laşê wê çêdibe. Ew nikare here antrenmanê. Conni digrî. Teqez ew nikare roja yekşemê bilîze. Û ew naxwaze ku tîma xwe jî di tengasiyê de bihêle. Conni ewqas ava vîtamînan vedixwe ku tu carî ewqas venexwariye û bi awayekî xerîb sebzeyên ji bo tenduristiyê rind, yên ku dêya wê jê re dipêje, dixwe. Ew dixwaze dîsa zû sax bibe.

Doch am Dienstagmorgen tut ihr der Hals weh und am Nachmittag hat sie sogar Fieber. Sie darf nicht zum Training. Conni weint. Bestimmt kann sie am Sonntag nicht mitspielen. Aber sie will doch ihre Mannschaft nicht im Stich lassen! Conni trinkt so viel Vitaminsaft wie noch nie und isst all das schrecklich gesunde Gemüse, das Mama ihr kocht. Sie will schnell wieder gesund werden.

Mala Xwedê ava ku roja înê Conni şidiyayî ye û dikare biçe antrenmanê. Dema Malzi jê re dibêje "Tîma lîstikê naguhere û mîna ku hatiye axaftin yê wisa bimîne", beşera Conniyê xweş dibe. Temamiya roja şemiyê ew li avêtina golan dixebite.

Zum Glück ist Conni am Freitag wieder fit und darf zum Training. Sie strahlt, als Malzi sagt, dass es bei der besprochenen Spieleraufstellung bleibt. Den ganzen Samstag übt Conni Tore schießen.

Ew roj êdî hat. Lîstika puanan ya tîma Fyê ya ciwanan wê dest pê bike. Conni pir kelecanî ye. Bavo, dayê û xalê Günter li kêleka meydana lîstikê ne û bi dengê xwe piştgiriya tîma Conniyê dikin.
Xalê Günter ji hemûyan pirtir diqîre.

Heute ist es so weit. Das Punktspiel der F-Jugend wird angepfiffen. Conni ist furchtbar aufgeregt. Papa, Mama und Onkel Günter stehen am Spielrand und feuern Connis Mannschaft an.
Onkel Günter schreit am lautesten.

Dîsa jî ew heta nîvê lîstikê tenê golekê diavêjin û tîma din duduyan. Lêbelê Malzi di navberê de ava porteqalan dide hemûyan û cesaret dide wan. Ew dibêje ku ewên din westiyayî xuya dikin.

Trotzdem schießen sie in der 1. Halbzeit nur ein Tor und die anderen zwei. Aber Malzi spendiert in der Halbzeit-pause allen einen Orangensaft und muntert sie auf. Er meint, die anderen sähen schon ganz müde aus.

Lîstik berdewam e. Anna gogê digre û lê dixe. Temaşevan hemî diqêrin û dibêjin “goool”! Lêbelê hê lîstik neqediyaye. Hindik dimîne ku tîma din golekê biavêje, lê qelaparêz Lars gogê zeft dike. Berî ku xilas bibe, faulek çêdibe. Lawikek ji tîma din bi awayekî xirab Conniyê dehf dide. Ji ber vê jî ew karta zer dibîne û Conni jî mafê lêxistina serbest bi dest dixe. Conni gogê diavêje tam nîvê qelayê. Hemî diqêrin.
Tîma Conniyê bi ser ket! Ji bo pîrozkirina rojê xalê Günter zarokên tîma futbolê vedixwîne xwarina qeşaşîrê.

Das Spiel geht weiter. Anna bekommt den Ball und schießt. »Tor«, rufen alle Zuschauer begeistert. Doch noch ist das Spiel nicht zu Ende. Beinahe landen die anderen einen Treffer, aber Torhüter Lars hält den Ball. Kurz vor dem Schlusspfiff kommt es zu einem Foul. Ein Junge der anderen Mannschaft schubst Conni ganz gemein. Dafür bekommt er die gelbe Karte und Conni bekommt einen Freistoß. Conni tritt den Ball mitten ins Tor. Alle jubeln! Connis Mannschaft hat gesiegt! Zur Feier des Tages lädt Onkel Günter den Fußballnachwuchs zu einem Eis ein.

Û roja din Conni li ser rûpelên sporê yê rojnameyekê xuya dike. Li binî weha nivîsiye: "Mîna profesyonelan diavêje: Conniya ji ciwanên F." Conni wêneyê xwe jê dike û bi dîwarê xwe yê wêneyên futbolê ve dizeliqîne. Niha ew jî êdî tam profeyonelek e.

Am nächsten Tag ist Conni sogar auf der Sportseite der Zeitung zu sehen. »Schießt wie ein Profi: Conni aus der F-Jugend«, steht darunter. Conni schneidet das Foto gleich aus und klebt es zu ihrer Fußballbildersammlung. Nun ist sie auch ein echter Fußballprofi!